IMPORTANTE RÉUNION
D'ANTIQUITÉS
DE SYRIE, PERSE, GRÈCE ET ÉGYPTE
COMPRENANT

BELLES FAÏENCES DE FOUILLES

Bronzes, Laques, Miroirs, Plumiers

ANCIENS MANUCRITS ENLUMINÉS

MINIATURES, RELIURES, BOIS SCULPTÉS

Verres Irisés, Phéniciens et Arabes

TERRES CUITES, BRONZES & MARBRES

de fouilles, de Grèce et d'Egypte

TAPIS D'ORIENT & DE PERSE

DONT LA **VENTE** AURA LIEU

HOTEL DROUOT — SALLE N° I
Le Mercredi 25 Juin 1913, à deux heures

COMMISSAIRE-PRISEUR :	EXPERT-ANTIQUAIRE :
Mᵉ G. FRANÇOIS	**M. E. D. PIGNATELLIS**
23, Rue Le Peletier, 23	10, Rue de Montpensier, 10

CHEZ LESQUELS SE DISTRIBUE LE CATALOGUE

EXPOSITION PUBLIQUE
A L'HOTEL DROUOT, le Mardi 24 Juin 1913, de 2 h. à 6 h.

NOTA. — Les **TAPIS** et **ETOFFES** seront vendus à 4 h. 45

C. Chaufour, Imprim.
6-8, Rue Milton, Paris

CONDITIONS DE LA VENTE

La vente est faite expressément *au comptant*.

*Les acquéreurs paieront dix pour cent en sus du prix d'ad-
judication.*

L'exposition publique mettant les acquéreurs à même de se
rendre compte de l'état et de la nature des objets mis en
vente, il ne sera admis aucune réclamation une fois l'adjudi-
cation prononcée.

L'Expert se réserve le droit de grouper ou de diviser certains
numéros.

M. E. D. Pignatellis remplira aux conditions d'usage les
ordres des personnes qui ne pourront assister à la vente.

**L'ordre des numéros du Catalogue pourra ne pas
être suivi.**

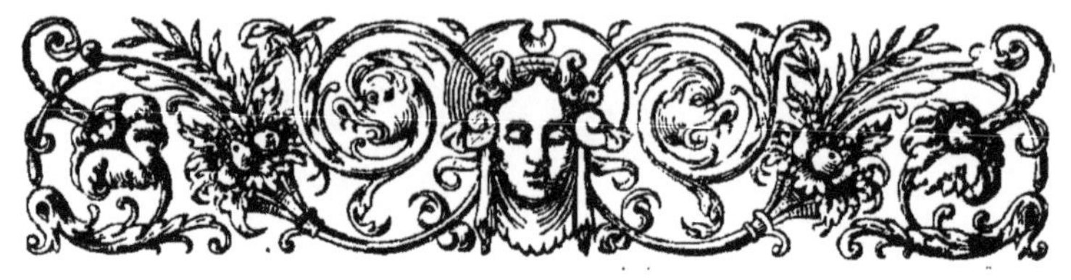

DÉSIGNATION

FAIENCES DE FOUILLES DE SYRIE
XIIIe ET XIVe SIÈCLES

1 — Deux *vases à anse* faïence *Rakka*, à reflets métalliques. Belles pièces.

2 — *Œnochöé arabe Rakka* vert avec irisations.

3 — *Vase Rakka*, décor noir sur fond vert.

4 — *Carafe Rakka*, décor noir sur fond vert.

5 — Deux faïences *Rakka* : Une *lampe arabe* et une *carafe*, décors noirs sur fond vert, avec irisations.

6 — *Œnochöé* arabe *Rakka*, à reflets métalliques, beau décor et inscription arabique.

7 — Deux petits *encriers Rakka*, bien irisés.

8 — Trois petits *vases à anse Rakka*, décor noir sur fond vert, avec irisations.

9 — Trois petits *vases à anse Rakka*, décor noir sur fond vert, avec irisations.

10 — Deux *bols Rakka*, décors noirs sur fond vert, avec irisations.

11 — Trois *vases à anse Rakka*, irisés.

12 — Quatre petits *vases à anses Rakka*, irisés.

13 — Deux petits *vases à anses Rakka*, irisés.

14 — Deux *bols Rakka* : L'un décor noir sur fond crème et l'autre décor noir sur fond vert.

15 — Deux faïences *Rakka* : Un *bol à pied* et un *petit vase*, décors noirs sur fond vert.

16 — *Bol Rakka* à reflets métalliques.

17 — Trois faïences *Rakka* : Deux petits *plats* bien irisés et un petit *vase*.

18 — Grand *vase Rakka* à reflets métalliques, décor sujet inscription coufique en relief.

19 — Trois faïences *Rakka* : Deux petits *vases* bien irisés et un petit *bol* pourpre.

20 — Deux *plats Rakka*, couleurs et décors variés.

21 — *Bol* émaillé *Rakka*, beau décor.

22 — *Porte-monnaie* émaillé *Rakka*, décors bleu et noir sur fond crème.

23 — Deux *porte-monnaies Rakka*, turquoise.

24 — *Vase* forme cylindrique *Rakka*, irisation nacre.
Haut. : 0^m23.

25 — *Vase à anse Rakka*, décor inscription coufique, complètement couverte par une belle irisation multicolore.
Haut.: 0^m14.

26 — Deux faïences *Rakka* : Un *petit cendrier* et un *bol*, beaux décors.

27 — *Colonne Rakka*, bout de voûte de mosquée, décor bleu d'outre-mer sur vert.
Haut. : 0^m18.

28 — Deux faïences *Rakka* irisées : Un petit *brik* et une *coupe*.

28 *bis* — Deux petites lampes *Rakka*, bien irisées.

29 — Deux faïences *Rakka* : Un *brik* décor noir sur fond crème, et une *coupe* beau décor bleu et noir avec irisation.

30 — *Plat* de *Damas*, très beau décor noir sur fond bleu turquoise.

30 *bis* — Petit *plat* de *Damas*, décor bleu sur fond blanc.

31 — Grand *vase* à deux anses, vert irisé.

32 — *Plat Rakka*, décors noir et bleu sur fond crème, avec belles irisations.

FAIENCES DE FOUILLES DE PERSE
XIIe AU XIVe SIÈCLES

33 — Beau *vase* vert, décor gravé, sujets canards. Le goulot aboutit à une patte de canard.

34 — *Vase* forme cylindrique, à reflets métalliques, décor sujets oiseaux.

35 — Beau petit *vase*, décors bleu et noir sur fond blanc, avec belles irisations.

36 — *Vase* turquoise, décor en relief.

37 — Très intéressant *vase* lapis, beau décor, sujet inscription coufique en relief. Pièce rare.

38 — Magnifique *plaque de revêtement* turquoise bien irisée, rare décor en relief, sujet deux personnages, oiseaux, feuillage. Rare pièce.

0^m30 sur 0^m30.

39 — Deux *bols* à reflets métalliques, décor de l'un sujet personnage.

40 — Beau *bol* à reflet métallique, décor sujets au fond cavalier, et à l'intérieur sur la panse, inscription coufique.

41 — Deux *bols* émaillés, inscriptions coufiques vertes sur fond noir.

42 — Beau *plat* émaillé, décor sujets rayures bleues sur fond blanc et inscriptions arabiques en blanc sur fond noir.

43 — *Bol* émaillé, décor bleu et noir, sujets fleurs et inscription arabique sur fond blanc.

44 — *Beau bol* Rhagès, décor polychrome très fin.

45 — Très beau *bol* à reflets métalliques, décor sujets huit personnages. Belle et intéressante forme.

46 — Beau *bol* Rey, fin décor doré et écriture coufique.

47 — *Bol* à reflets métalliques, décor sujets cinq personnages.

48 — Deux *bols* : l'un à reflets métalliques, décor sujets, le Soleil et deux animaux, et l'autre émaillé, décor noir et bleu.

49 — Grand *bol* à reflets métalliques, décor sujets personnage et inscription coufique.

5o — *Plat* à reflets métalliques, décor sujets cinq personnages.

51 — *Plat* à reflets métalliques, décor sujets personnage et inscription coufique. Rare pièce.

52 — Deux *bols* bicolores à reflets métalliques, décor sujets personnages.

53 — *Beau bol* à reflets métalliques, décor au fond sujet personnage.

54 — *Bol* à reflets métalliques, décor sujets trois personnages.

55 — *Bol* à reflets métalliques, décor sujets trois
personnages.

56 — *Œnochoé arabe* turquoise, décor gravé.

57 — *Œnochoé arabe* turquoise irisée, décor en relief,
le goulot aboutit à une tête d'animal.

58 — Beau *bol*, décor bleu et noir sur fond blanc
avec irisation. Au milieu, animal.

59 — *Œnochoé arabe* à reflets métalliques.

60 — Deux faïences bleues à reflets métalliques : un
petit *plat* et un petit *vase à anse*.

61 — Deux magnifiques petits *plats*, beaux décors
bleus et noirs sur fond blanc.

62 — Petite *vache en faïence* à reflets métalliques,
servant comme idole, fin décor personnages et
dessins. Pièce rare.

63 — Beau *plat* à reflets métalliques, décor sujets le
Soleil et trois personnages et un cercle se formant d'animaux. Intéressante pièée.

64 — *Bol* à reflets métalliques, décor sujets six personnages dans des médaillons.

65 — Belle *carafe* à reflets métalliques.

66 — Deux *faïences* à reflets métalliques : un petit
vase à anse et un cendrier.

67 — Six petites *faïences* : un vase à deux anses, un
plat et quatre vases.

68 — Deux petites faïences : un *bol* lapis et un *pas-
soir* turquoise.

69 — Deux petits *plats* irisés, décor sujets de l'un, lapin et de l'autre, palmettes et inscriptions arabiques.

70 — Beau *vase* à deux anses, très fin décor noir, sujets feuillage et inscription arabique sur fond turquoise.

71 — *Théière* à reflets métalliques, décor sujets quatre personnages et inscription coufique. Belle pièce.

72 — *Coupe* à pied bleue à reflets métalliques.

73 — *Vase à anse* bien irisé. Belle pièce.

74 — *Bol* à reflets métalliques.

75 — Beau *vase* cylindrique, décor vert sur fond noir. Bel émail.

76 — Magnifique *carafe* à reflets métalliques, très fin décor, sujets quatorze personnages en deux rangs; au-dessus, un cercle d'animaux. Rare pièce.

77 — *Vase* à reflets métalliques, décor sujets trois animaux.

78 — Rare et magnifique *étoile* à reflets métalliques superbe décor en relief, sujet aigle. Très belle pièce.

79 — Deux *étoiles* à reflets métalliques.

80 — *Étoile* polychrome à reflets métalliques, décor sujets deux oiseaux, arbre et inscription arabique.

81 — Très belle *étoile* polychrome à reflets métalliques, décor sujets trois personnages et inscription arabique.

82 — Petite étoile *à reflets* métalliques, décor sujet personnage.

83 — Fragment d'une grande *plaque* émaillée lapis avec dorures, très beau décor en relief, sujet animal·

84 — Beau fragment de *plaque* à reflets métalliques, décor en relief sujet personnage. Intéressante pièce.

85 — *Plaque* de mosquée à reflets métalliques, décor inscriptions arabiques.

BRONZES ANCIENS

86 — *Œnochoé* arabe, décor à jour et en relief. Le goulot aboutit a une tête de bœuf. Intéressante pièce.

87 — *Colonne*, beau décor inscriptions coufiques et dessins à jours. Belle pièce bien conservée.

88 — Deux grandes *tasses*, l'une à trois pieds, décors gravés.

89 — Trois bronzes : deux *lampes*, et un beau petit *flacon* décor en relief.

90 — Quatre *miroirs de Perse*, très beau décor sujets variés en relief et gravés.

91 — *Veilleuse* suspendue de mosquée, très beau décor gravé sujets variés. Belle pièce.

92 — Cinq petits *bronzes* : une hache, un passe-partout pliant, une petite fontaine avec deux coqs, moitié de chat et une anse.

93 — *Lampe* à six becs et à trois pieds. Belle pièce.

MANUSCRITS ENLUMINÉS

MINIATURES — RELIURES — MIROIRS

PLUMIERS, LAQUES

94 — Beau *manuscrit* du XVII siècle *Khamsée-Nizami* (cinq histoires par Nizami). Belles et fines *trente et une miniatures* polychromes, et cinq frontispices en mosaïques. Belle et fine écriture. Reliure en cuir, décor doré.

95 — Intéressant *manuscrit Chahnamé* (Histoire du Chah) du XVIIe siècle avec *soixante* belles miniatures polychromes. Reliure en cuir.

96 — *Manuscrit Boustan* du XVIIIe siècle avec plusieurs frontispices. (Eloges adressés aux saints). Reliure en laque de Perse, décor polychrome sujets fleurs.

97 — *Manuscrit du XVIIIe siècle* avec sept belles miniatures. L'Histoire de Hadji-Suleïman.

98 — *Album de trente-six belles et riches écritures du Coran.* Très intéressante pièce.

99 — *Album* de *huit miniatures persanes.*

100 — Riche *Coran* du commencement du dix-huitième siècle, écriture fine arabe, traduit en rouge en persan. Deux garde-pages et quatre pages magnifiquement décorées d'un travail très fin. Belle reliure en cuir, décor mosaïque polychrome.

101 — Petit *manuscrit, Histoire d'Hafiz*, du dix-septième siècle, avec *cinquante belles et polychromes miniatures*. Belle reliure en cuir. Très importante pièce.

102 — *Manuscrit du XVIII* siècle*, l'Histoire de Joseph, avec huit belles miniatures polychromes. Reliure en cuir rouge, décor doré. Belle pièce.

103 — Petit *manuscrit du XVII* siècle*, l'histoire des anciens Chahs de Perse, avec six belles miniatures, écriture Nastaligh. Reliure en cuir rougeâtre, beau décor doré. Pièce importante.

104 — Petit *Coran du XVIII* siècle* avec un frontispice. Belle écriture. Reliure en cuir noir, décor doré.

105 — Quatre *miniatures* persanes. Les deux premières l'histoire de Schirine et Farhah et les deux autres l'histoire d'une Reine.

106 — Belle *miniature* indo-persane. Femme.

107 — *Miniature* du xvii* siècle. Danseuse. Belle pièce.

108 — Belle *miniature* du xix* siècle. Portrait de femme.

109 — *Miniature du XVIII* siècle*. Oiseaux sur les arbres enfermés dans une cage.

110 — Belle *miniature*. Fleurs.

111 — Belle *miniature* du xviii* siècle. Femme assise sur un arbre et jouant de la mandoline. Intéressante pièce.

112 — Trois *écritures persanes* du xviii* siècle, l'une forme un oiseau. Intéressantes pièces.

113 — Belle *écriture coufique du XVIe siècle sur parchemin*. Encadrement polychrome et doré. Rare pièce.

114 — Sept *miniatures* de Perse.

115 — Magnifique et ancienne *reliure* en laque de Perse, superbe et fin décor polychrome. Pièce rare.

116 — Superbe ancienne *reliure* en laque de Perse, très beau et fin décor polychrome.

117 — *Miroir* en bois, décor polychrome en relief. sujets Reine, fleurs et inscription arabique.

118 — *Reliure* polychrome en laque de Perse, très beaux décors sujets deux personnages dans des médaillons et tout le reste animaux, oiseaux, fleurs.

119 — *Reliure* en cuir noir, beau décor doré en relief. Belle pièce.

120 — *Reliure* en cuir noir, beau décor rouge et doré.

121 — Deux *reliures* en cuir noir, décors dorés.

122 — *Reliure* en laque de Perse, beau décor polychrome sujets fleurs.

123 — Moitié de *reliure* en laque de Perse, très beau décor polychrome sujets oiseau et fleurs.

124 — Magnifique ancien *plumier* en laque de Perse, superbe décor polychrome sujets femmes, figures, amazones, feuillage. Belle pièce.

125 — Très beau *plumier* en laque de Perse, décor polychrome sujets fleurs et inscriptions arabiques sur fond noir.

125 — Trois petits *plumiers* en laque de Perse, les deux beaux décors dorés et le troisième décor polychrome avec sujet figure.

127 — Grand *miroir* en laque de Perse, très beau décor polychrome sujets oiseaux, fleurs et feuillages.

128 — *Miroir* en laque de Perse, magnifique décor polychrome sujets fleurs et oiseaux.

129 — Ancien *selier* en bois, décor très fin doré, sujets variés.

130 — *Miroir* en bois, beau décor polychrome en relief et à jour, sujets fleurs.

131 — *Plumier* en fer, très fin décor incrusté or. sujets oiseaux, fleurs, feuillage, dessin.

132 — Ancien grand *miroir* en bois incrusté ivoire et dorures, au milieu six personnages polychromes en ivoire incrusté.

VERRES IRISÉS DE SYRIE

133 — *Flacon* pomiforme. Belle irisation multicolore.

Haut. : 0m08.

134 — Quatre *bracelets* phéniciens.

134 *bis* — Huit *bracelets* phéniciens et romains.

135 — Deux *verres* forme veilleuses.

135 *bis* — *Amphore* à deux anses, mauve clair.

Haut. : 0m14.

136 — *Verre phénicien* à deux anses bleues irisées. Belle pièce.

Haut. : 0^m14.

137 — Magnifique *verre phénicien* à deux anses. Très intéressante pièce.

Haut. : 0^m14.

138 — Petite *coupe* bleu foncé avec belles irisations.

139 — Petite *coupe* côtelée extérieurement. Très bien irisée

Diam. : 0^m13.

140 — *Flacon*. Belle irisation multicolore.

Haut. : 0^m06.

141 — *Bouteille*. Très belle irisation argentée.

Haut. : 0^m17.

141 *bis* — *Belle bouteille* rouge. Splendide irisation.

Haut. : 0^m09.

142 — *Flacon* bien irisé.

Haut. : 0^m07.

143 — Magnifique *flacon pomiforme* avec superbe irisation multicolore.

Haut. : 0^m06 1/2.

144 — Deux verres : une *bouteille* rouge et une *œnochoé* jaune à anse verte.

Haut. : 0^m10 et 0^m12.

145 — Très belle *bouteille pomiforme*. Superbe irisation multicolore.

Haut. : 0^m07.

146 — *Bouteille* à anse, très belle forme. Tour de serpent autour du goulot.

Haut. : 0^m08.

146 *bis* — Deux *flacons* irisés.

Haut. : 0^m07.

147 — *Flacon* arabe. Belles irisations et forme.

Haut.: 0^m11 1/2.

148 — *Œnochoé* à anse verte, irisation argentée. Belle pièce.

Haut. : 0^m12.

148 *bis* — Petite *coupe* bien irisée.

Diam. : 0^m09.

149 — Magnifique *bouteille* verre arabe, ornements en relief. Belle irisation multicolore.

Haut. : 0^m12.

150 — *Bouteille* à anse large. Superbe irisation multicolore.

Haut : 0^m14.

151 — *Bouteille* avec belles irisations multicolores formant nid de perdrix.

Haut.: 0^m10.

152 — Rare *bouteille* irisée ayant de chaque côté une figure.

Haut. : 0^m10.

153 — *Encrier* phénicien, décor en relief en émail blanc.

153 *bis* — Petite *coupe*. Superbe irisation argentée.

154 — *Bouteille* bleu foncée irisée.

Haut. : 0^m11.

154 *bis* — *Flacon* cylindrique bien irisé.

155 — *Gobelet* irisé, belle forme.

Haut. : 0^m10.

155 *bis* — *Bouteille* jaune à deux anses vertes.

Haut. : 0^m14 1/2.

156 — *Omon* arabe avec irisations.

Haut. : 0^m13.

157 — Magnifique *bouteille*. Très belle irisation dorée.

Haut. : 0^m17.

158 — Trois *bracelets phénico-égyptiens*. Pièces rares.

158 *bis* — *Coupe* côtelée irisée.

159 — Deux *bouteilles* irisées.

160 — Deux *bouteilles* dont l'une à anse, de différentes formes.

Haut. : 0^m10.

160 *bis* — Trois *flacons* irisés.

161 — Magnifique *bouteille* bleue à deux anses.

Haut. : 0^m11.

161 *bis* — *Bouteille*, irisation nacre vagues de mer.

Haut. : 0^m11 1/2.

162 — *Bouteille*, irisation multicolore, ornements en relief.

Haut.: 0^m11.

162 *bis* — Quatre petits *flacons* de différentes formes.

163 — Six petits *verres* irisés et arabes.

164 — Sept petits *verres* irisés, arabes et persans.

165 — Cinq *verres*, deux à deux anses, un jumeau à deux anses et et deux petits *flacons*.

166 — Dix petits *verres* irisés et arabes.

167 — Cinq *verres* phéniciens.

168 — Dix petits *verres* irisés et arabes.

169 — Dix tout petits *verres* irisés et arabes.

170 — Dix tout petits *verres* irisés et arabes.

171 — Vingt-quatre tout petits *verres* dont vingt
irisés et arabes et quatre émaillés avec irisation
multicolore.

171 *bis* — *Flacon* bleu.

ÉTOFFES, SOIERIES, VELOURS

BRODERIES, COUVRE-LIT, COSTUMES

172 — Pièce de huit mètres d'*étoffe* persane *Zari*,
décor doré sujets palmettes.

Larg.: 0^m55.

173 — *Couvre-lit* d'étoffe persane, beau décor doré
sur fond rouge. Belle pièce doublée.

1^m35 sur 1^m10.

174 — *Châle* persan, décor sujets palmettes.

2^m sur 2^m35.

175 — Deux *velours* persans, décor polychrome.

176 — *Costume* persan en soie, magnifiques décors
polychromes.

177 — *Boléro* de femme en soie, beau décor doré et
bleu, sujets fleurs, feuillage et inscriptions arabes
sur fond rouge. Pièce doublée.

178 — *Boléro* de femme en soie, décor polychrome
sur fond doré. Pièce doublée.

179 — Petit *panneau* en soie, très beau décor sujets
palmettes, lions, oiseaux, fleurs et feuillage.
Pièce doublée.

180 — Ancienne *broderie* persane en soie, très beau
décor polychrome sujets fleurs et feuillage sur
fond argenté. Pièce doublée.

181 — Magnifique panneau en soie, décor polychrome, sujets palmettes sur fond or.

1^m10 sur 1^m35.

TAPIS D'ORIENT ET DE PERSE

182 — *Tapis de prière* d'Orient, dessin polychrome sur fond bleu.

1^m22 sur 1^m75.

183 — *Magnifique tapis* d'Orient velouté, dessin polychrome, sujets oiseaux, fleurs, feuillage, etc. sur fond rouge et bordure.

1^m32 sur 1^m75.

184 — *Tapis* d'Orient velouté, beau décor polychrome sur fond rouge, et bordure.

1^m32 sur 2^m06.

184 *bis* — *Beau tapis* de Smyrne dessin losange, fond tricolore.

5 m. sur 7 m. environ.

185 — *Beau tapis* d'Orient en soie, très fin décor sur fond jaune, et bordure.

1^m25 sur 1^m80.

185 *bis* — *Tapis* de Smyre, fond rose.

3^m60 sur 2^m60.

186 - - *Tapis* de Perse, très beau décor polychrome sur fond rouge.

1^m40 sur 2^m15.

186 *bis* — *Tadis* Kazac, fond café.

ANTIQUITÉS GRECQUES
ET ÉGYPTIENNES

TERRES CUITES, PIERRES CALCAIRES, MARBRES
BRONZES

187 — Dix pièces : *statuettes et animaux* archaïques.

188 — Dix *statuettes* d'Asie-Mineure.

189 — Dix *lampes* en terre cuite rouge ou émaillées noires.

190 — Quinze *petites têtes* en terre cuite.

191 — Onze terres cuites : petits *vases* et *fragments de statuettes*.

192 — Neuf terres cuites : *statuettes, chevaux, petites têtes*.

193 — Trois terres cuites : Deux grandes *pyxis* et un *chandelier*.

194 — Deux *terres cuites* : un lécythe attique blanc, décors sujets deux personnages et un garçonnet assis sur un rocher.

195 — *Pithos géométrique* à deux anses, décor sujets dessins et animaux.

Haut. : 0ᵐ41.

196 — *Œnochoé géométrique*, décor sujets dessins et oiseaux.

Haut. : 0ᵐ29.

196 *bis* — Petit *vase à anse géométrique*, décor sujets dessins et animaux. Très intéressante pièce.

Haut. : 0ᵐ11

197 — Deux petits *vases lacrymatoires* en terre cuite
dorée. Pièces rares.

Haut. : 0^m18 1/2.

198 — Trois *cratères* : un émaillé noir et deux décor
sujets personnages.

199 — *Skyphos*, décor sujet personnage assis.

200 — *Jupiter*, statuette en bronze.

201 — *Torse d'homme* archaïque en pierre calcaire.

Haut. : 0^m38.

202 — *Tête de jeune homme*, grandeur naturelle, en
pierre calcaire, trouvée à Rhôdes.

203 — *Tête de femme*, grandeur naturelle, provenant d'un bas-relief, trouvée à Karpathe. Pierre
calcaire.

204 — Deux petites *têtes d'homme et de femme*, en
pierre calcaire, trouvées à Chypre.

Haut. : 0^m13.

205 — Deux pièces : une petite *tête de femme*, en
pierre calcaire, et un *pied en marbre*, trouvés à
Milos.

206 — *Tête d'Apollon* en marbre, provenant d'un
bas-relief incendié, trouvée à Karpathe, nez
restauré.

207 — *Buste d'enfant* en marbre, époque romaine,
socle ancien en marbre.

208 — *Tête* en marbre de l'Empereur Auguste,
trouvée aux environs de Rome, grandeur naturelle. Très belle pièce.

209 — *Bronze égyptien :* Femme assise.

210 — *Neuf bronzes égyptiens.*

210 *bis* — *Neuf bronzes et fragments égyptiens.*

211 — Six pièces égyptiennes : un petit *bas-relief*, en terre cuite, un petit *carré* en marbre, quatre *momies* et *bustes* de momies.

212 — Cinq pièces : une *tête de bœuf* en terre cuite, deux *tétragones* en pierre noire et deux *alabas- tres*.

213 — *Masque de femme* en plâtre, trouvé en Egypte.

214 — *Buste de femme* en plâtre, trouvé en Egypte.

215 — *Bas-relief* en albâtre, décor, sujets trois per- sonnages et inscription assyrienne.

215 *bis* — *Bougeoir* en bronze romain. Belle patine.

OBJETS DIVERS

216 — Deux *yatagans* persans, un simple et un autre décor doré, manche en ivoire sculpté, sujets per- sonnages et inscription persane.

217 — Deux *yatagans* persans anciens, manches en ivoire sculpté, sujets personnages et inscription persane.

218 — Deux *yatagans* persans, manches en ivoire, l'un plein d'ornements en argent.

219 — Quarante deux pièces : *cachets*, *cylindres*, *intailles*, etc., provenant de fouilles de Syrie.

220 — *Poignard* indou servant à la chasse des lions, décor en relief, sujets animaux, manche doré.

221 — Deux *fourneaux* de narguilé en fer incrusté or.

222 — *Fourneau* de narguilé en fer incrusté or, beau décor ciselé, sujets personnages, oiseaux, etc.

223 — *Fourneau* de narguilé, riche décor émaillé et incrusté de rubis et turquoise.

224 — *Bronze chinois*, animal assis. Belle patine.

225 — *Bronze chinois*, cavalier sur éléphant. Belle pièce.

226 — *Bronze indou*, deux personnages.

227 — *Partie de narguilé* en œuf d'autruche travaillé, décor sujets personnages, fleurs, etc., et monté métal argentin.

228 — Grande *marmite* en pierre, travail chinois.

229 — Deux *chandeliers* de Limoges.

230 — *Canne de prêtre* persan en ivoire sculpté.

231 à 238 — *Verres* irisés de Syrie.

239 — *Potiche* de Damas.

240-242 — *Plaques* de revêtement.

243 — Deux *statuettes* terre cuite, époque byzantine.

244 — Objets omis.